BEI GRIN MACHT SICH IHR WISSEN BEZAHLT

- Wir veröffentlichen Ihre Hausarbeit,
  Bachelor- und Masterarbeit

- Ihr eigenes eBook und Buch -
  weltweit in allen wichtigen Shops

- Verdienen Sie an jedem Verkauf

Jetzt bei www.GRIN.com hochladen
und kostenlos publizieren

Digitale Transformation in Logistik und Industrie. Entwicklung der Digitalisierung

Bibliografische Information der Deutschen Nationalbibliothek:

Die Deutsche Nationalbibliothek verzeichnet diese Publikation in der Deutschen Nationalbibliografie; detaillierte bibliografische Daten sind im Internet über http://dnb.d-nb.de abrufbar.

ISBN: 9783346841728
Dieses Buch ist auch als E-Book erhältlich.

Einsendeaufgabe Alternative B

abgegeben am 03.12.2022

SRH Fernhochschule

Modul: „Digital Process & Production Management"

Studiengang: Betriebswirtschaftslehre und Digitalisierung

Studiengang: Betriebswirtschaftslehre und Digitalisierung

Inhaltsverzeichnis

Abkürzungsverzeichnis

CPPS	Cyber-physische Produktionssysteme
CPS	Cyber-physische Systeme
IoTS	Internet of Things and Services
IuK	Informations- und Kommunikationstechnologie
KI	Künstliche Intelligenz
LAN	Local Area Network
MES	Manufacturing Execution Systems
RFID	Radio Frequency Identification
SPS	speicherprogrammierbare Steuerung
WLAN	Wireless Local Area Network

Abbildungsverzeichnis

Tabellenverzeichnis

1 Digitalisierung

Die Art und Weise wie wir Menschen Zusammenleben und Wirtschaften wurde durch die Digitalisierung und Entstehung der ersten Website im Jahr 1991 maßgeblich geprägt. Als Folge der Digitalisierung wird die digitale Transformation hauptsächlich von Unternehmen, Konsumenten und der Entwicklung digitaler Tools vorangetrieben.[1] Die Digitalisierung betrifft dabei alle Branchen und Bereiche des Lebens und bietet viele Chancen als auch Risiken. In diesem Zusammenhang werden Unternehmen und Konsumenten mit den Herausforderungen wie Schnelligkeit, Komplexität, Interdisziplinarität und Globalität konfrontiert.[2] Nicht nur die Veränderungen der Produkte eines Unternehmens sind im Zuge der Digitalisierung gemeint, vielmehr geht es um die digitale Transformation der gesamten Unternehmensorganisation.[3]

1.1 Definition Digitalisierung

In der Literatur herrscht über den Begriff der Digitalisierung kein einheitliches Begriffsverständnis, vielmehr wird von einem Megatrend gesprochen.[4] Im engeren Sinne lässt sich der Begriff Digitalisierung als Umwandlung von analogen Daten, wie Text, Bild oder Ton, in digitale Daten übertragen. Beispiele hierfür sind das einfache Schreiben einer E-Mail und das Versenden einer Bild- oder Voicenachricht. Im Rahmen des industriellen Druckprozesses werden analoge Bilder und Texte mithilfe einer digitalen Aufnahmetechnik in digitale Daten umgewandelt. Die Umwandlung geht so weit, dass das Druckbild vor der Vermehrung in Pixel-Bestandteile zerlegt wird, um die Druckplatten in den Grundfarben Cyan, Magenta, Gelb, Schwarz belichten zu können. Als Ergebnis entsteht ein farbig bedrucktes Papier- ein Plakat, Buch oder eine Werbebroschüre.[5]

---

[1] Vgl. *Locher* (2022), S. 11
[2] Vgl. *Oswald/Saueressig/Krcmar* (2022), S. 7
[3] Vgl. *Reinhardt* (2020), S. 4
[4] Vgl. *Ternés/Schieke* (2018), S. 5
[5] Vgl. *Hermann* (2020), S. 2

Im weiteren Sinne ist mit der Digitalisierung die Veränderung von Geschäftsmodellen durch Verbesserung von Geschäftsprozessen in Anbetracht der Nutzung von Informations- und Kommunikationstechniken gemeint. Dabei können Daten über die Produktnutzung beim Kunden erhoben und analysiert werden.

Im erweiterten Sinne wird die Digitalisierung als Veränderungsprozess beschrieben, der durch die Einführung digitaler Technologien ausgelöst wurde und die Lebens- Arbeitswelt nachhaltig verändert haben und auch in Zukunft weiter verändern werden. Überwiegend sind die Veränderungen der Vorgänge im Alltag gemeint, wie etwa mit dem Smartphone den Einkauf zu bezahlen, Reisen im Internet buchen und mithilfe von Google Maps durch Städte navigiert zu werden. Diese Veränderungen führen so weit, dass der Mensch zum Beobachter wird und von den digitalisierten Verfahren ausgeschlossen wird.[6]

Die Komplexität der Produkte wird durch die Variantenvielfalt und der geforderten Funktionalitäten stark beeinflusst und steigt stets an. Der Markt fordert von den Unternehmen kurzlebige und komplexe Produkte, die äußerst flexibel und einsetzbar sind, diese Anforderung gilt ebenfalls für die Produktionsanlagen. Um diesen Anforderungen gerecht zu werden, kommen komplexe Technologien zum Einsatz, die für alle Arten von Produkten und Produktionsanlagen zugeschnitten sind.[7] In diesem Zusammenhang wird von der Industrie 4.0 gesprochen, welche die Digitalisierung von Produkten und Produktionen beschreibt.[8]

Die jeweiligen Komponenten der Industrie 4.0 werden in der Abbildung 1 veranschaulicht. Die erste Stufe 1 beinhaltet Bausteine wie, Ubiquitous Computing, das Internet der Dinge und Dienste (IoTS) und Big Data, welches dem Baustein Cloud Computing zugeordnet ist. Zusammen bilden diese drei Stufen die Cyber-physischen Systeme auf die nachfolgend näher eingegangen wird.[9]

---

[6] Vgl. *Hermann* (2020), S. 3
[7] Vgl. *Obermaier* (2019), S. 73
[8] Vgl. *Obermaier* (2019), S. 74
[9] Vgl. *Siepmann/Graef* (2016), S. 22

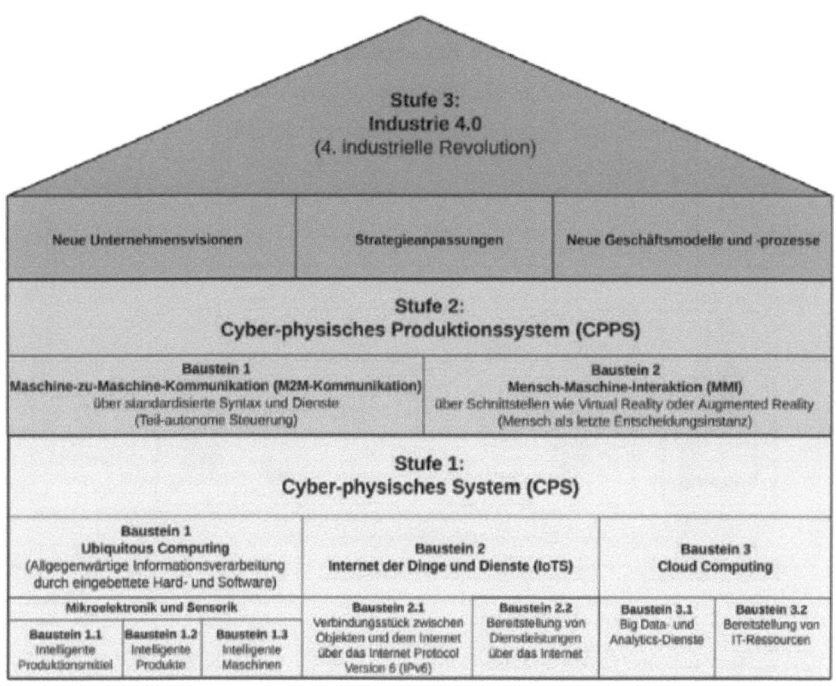

Abbildung 1: Komponenten der Industrie 4.0 als Gesamtsystem

(Quelle: Siepmann/Graef (2016), S.22)

1.2 Ubiquitous Computing

Ubiquitous Computing beschreibt nicht speziell eine Technologie, vielmehr die Allgegenwärtigkeit der Informationsverarbeitung.[10] Dabei werden Informations- und Kommunikationstechnologien zur Effizienz- und Effektivitätssteigerung in diverse Gegenstände integriert, die die Umwelt erfassen, untereinander kommunizieren und zentralen Kontakt zu einem Rechner aufnehmen.[11] Dies ist mithilfe von Mikroelektronik wie, Sensoren, Prozessoren, Kommunikationsmodulen und Speicherbausteinen, möglich. Durch den Einsatz und die Vernetzung der, mit Informationstechnologie ausgestatte-

---

[10] Vgl. *Wiegerling* (2013), S. 375
[11] Vgl. *Bendel* (2022), S. 319

ten, smarten Gegenstände über das Internet, entsteht die erste Phase der technologischen Entwicklung von Industrie 4.0, das sogenannte „Ubiquitous Computing". Abbildung 2 gibt einen Überblick über die Entwicklung der Computertechnik von Großrechnern bis hin zu kleinen, intelligenten Objekten und Produkten.[12]

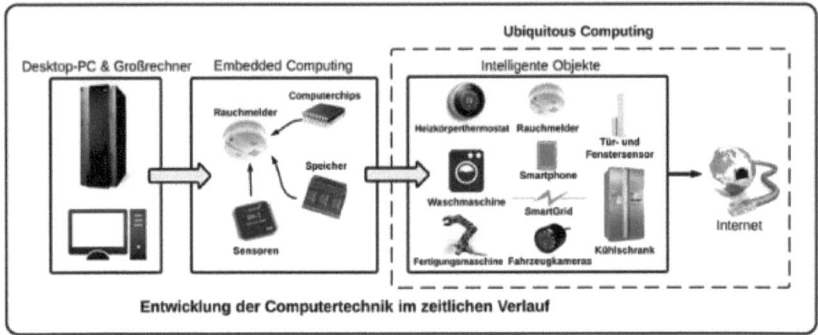

Abbildung 2: Ubiquitous Computing

(Quelle: Siepmann/Graef (2016), S. 25)

Zum besseren Begriffsverständnis wird die RFID-Technologie als Beispiel genommen. Bei der RFID-Technologie handelt es sich um eine Technologie, die eine kontaktlose und umfassende Identifizierung von Gegenständen und der Erfassung von Daten ermöglicht. Das RFID-System besteht aus drei Komponenten, dazu gehört der Rechner, ein Lesegerät und ein RFID-Transponder, der auch als Tag bezeichnet wird. Dieser Tag ist einem Gegenstand, zum Beispiel an einer Ware oder einem Container befestigt. Durch die Verwendung magnetischer und elektromagnetischer Felder erfolgt eine Datenübertragung und Energieversorgung zwischen dem Transponder und Lesegerät. Im nächsten Schritt sendet das Lesegeräte die empfangenen Daten an den Transponder und empfängt Informationen von diesem, sobald der Transponder in die entsprechende Näher kommt. Diese Daten werden anschließend durch die Computerapplikation ausgewertet.[13]

---

[12] Vgl. *Siepmann*/Graef (2016), S. 24-25
[13] Vgl. *Werner* (2020), S. 365

Das Ubiquitous Computing bildet aufgrund der mit Mikroelektronik versehenen Gegenstände und dem Internet sowie der zusammenhängenden Kommunikationsfähigkeit, die Basis für das Internet der Dinge und Dienste und bietet dadurch eine weitere technologische Grundlage für die weitere Entwicklung von Industrie 4.0.[14]

1.3 Internet der Dinge und Dienste (IoTS)

Ähnlich wie bei dem Begriff der Digitalisierung gibt es in der Literatur keine einheitlich akzeptierte Definition des Begriffs IoTS. Der Begriff Internet der Dinge und Dienste (IoTS) kann als digitale Vernetzung von diversen Objekten des alltäglichen Gebrauchs, auf der Grundlage standardisierter Internettechnologie, verstanden werden. Vom Internet der Dinge ist die Rede, wenn physische Objekte wie Häuser, Autos etc... vernetz werden.[15] Entstehen dadurch innovative Dienstleistungen, so ist die Rede vom Internet der Dienste.[16] Folgende Abbildung zeigt Beispiele und Vernetzungen sowie Schnittstellen von IoTS:[17]

[14] Vgl. *Siepmann*/Graef (2016), S. 25
[15] Vgl. *Sinsel* (2020), S. 4
[16] Vgl. Bundesministerium für Wirtschaft und Klimaschutz (2022)
[17] Vgl. *Siepmann*/Graef (2016), S. 27

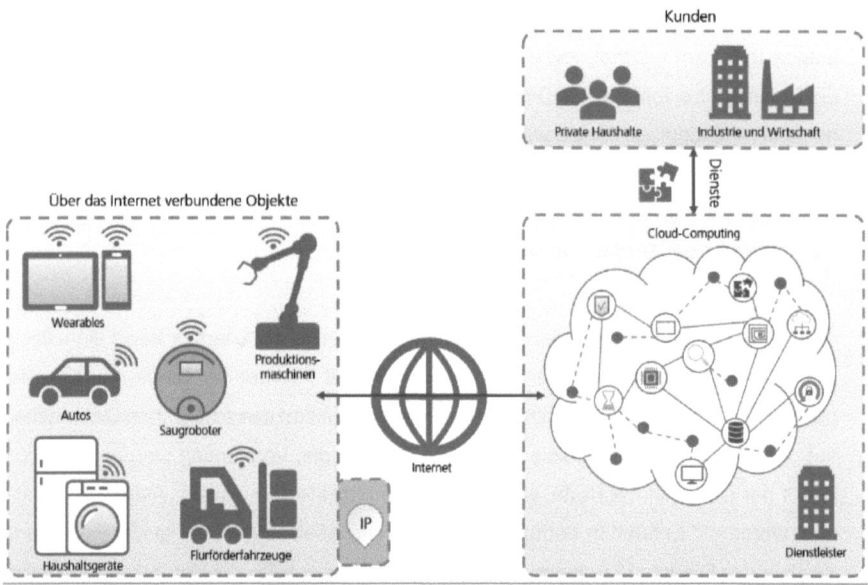

Abbildung 3: Internet der Dinge und Dienste

(Quelle: in Anlehnung an Siepmann/Graef (2016), S. 27)

Beim IoTS werden sogenannte Smart Products (Intelligente Produkte) mit beliebigen Alltagsgegenständen vernetzt, die zur Erweiterung des allgegenwärtigen Internets beitragen und als Bestandteil des Internets dienen. Auf Basis der aus den Smart Products generierten Daten, die verarbeitet werden müssen, um daraus entsprechende Dienste ableiten und anbieten zu können. Dieser Zustand kann nur durch die intelligente Vernetzung und der Zuweisung einer IP-Adresse für jedes einzelne elektronische Geräte, erreicht werden. Dadurch ist jedes Gerät durch das Internet identifizierbar und kann somit individuell angesteuert sowie angesprochen werden. Mit dieser Vernetzung wird das Ziel verfolgt, dass sämtliche Objekte/Geräte in der Lage sind, selbständig und untereinander zu kommunizieren, Daten zu analysieren, um auf dieser Grundlage entsprechende Maßnahmen abzuleiten.[18] Die Kommunikation im Rahmen des IoTS erfolgt nicht ausschließlich von Mensch zu Mensch, sondern auch von Objekt zu Objekt und von Objekt zu Mensch. Um diese Kommunikation zu gewährleisten, kommen kon-

---

[18] Vgl. *Siepmann/Graef* (2016), S. 27

vergierende Technologien unterschiedlichster Art, wie beispielsweise die Adressierbarkeit durch Look-up oder Nachrichtendiensten, Kooperation und Kommunikation mithilfe von Wireless Fidelity (Wi-Fi), zum Einsatz.[19]

Das IoTS wird als Bindeglied zwischen den intelligenten physischen Objekten des Ubiquitous Computing und dem Internet gesehen. Durch die Nutzung der RFID-Technologie, welche in Kapitel 1.2 beschrieben wurde, kann ein Anwendungsbeispiel in Verbindung mit dem IoTS dargestellt werden. Das Anwendungsbeispiel beschäftigt sich mit Lösungen im Gesundheitswesen. Dabei werden medizinische Geräte mit der RFID-Technologie (RFID-Tags) vernetzt, um den Patienten zu überwachen und digital zu verfolgen. Die Daten zum Patienten werden durch das RFID-Lesegerät gelesen und beschrieben. Das IoT hingegen sorgt für die Speicherung und Verarbeitung der durch das RFID-Lesegerät erfassten Daten. Durch den Einsatz und Kombination der Technologien kann eine bessere Medikamentenversorgung gewährleistet werden. Auch kann der Bestand der Verbrauchsmaterialien smart überwacht werden, sodass es zu keinen Engpässen des Materials kommt.[20]

1.4 Big Data

Daten werden im Rahmen der Industrie 4.0 und dem Internet der Dinge (IoT) als das Gold des digitalen Zeitalters bezeichnet. In diesem Zusammenhang fließen unzählige Mengen an Daten, die von den Unternehmen analysiert und strukturiert werden müssen.[21] Dieser Zustand stellt die Unternehmen vor großen Herausforderungen im Umgang mit den umfangreichen und unterschiedlichen Datenquellen, da die Herkunft dieser Daten sehr vielfältig ist. Die digitalen Daten werden in der Literatur als Multimedia bezeichnet und werden in Form von Text, Grafik, Bild, Audio, Video unterteilt.[22] Adrian Merv definiert den Begriff Big Data als Daten, die aufgrund ihrer Größen die klassische

---

[19] Vgl. *Mattern/Flörkenmeier* (2013), S. 3-4
[20] Vgl. ScienceSoft USA Corporation (2022)
[21] Vgl. WirtschaftsWoche (2016), S. 3
[22] Vgl. *D`Onofrio/Meier* (2021), S. 5

Datenhaltung sowie Verarbeitung Analyse auf herkömmlicher Hardware weit übersteigen.[23] Laut dem McKinsey Global Institute erhöht Big Data die Transparenz und Frequenz von Informationen und wie diese verarbeitet sowie analysiert werden können.[24] Aus den beiden Definitionen können folgende Charakteristiken abgeleitet werden:[25]

Volume: Hierbei handelt es sich um das Datenvolumen, der im Tera- bis Zettabytebereich liegt. Laut Morre´schen Gesetz verdoppelt sich die Analyse- und Speicherkapazitäten alle 12 bis 24 Monate.[26]

Variety: Die Vielfalt der digitalen Daten wird als Multimedia bezeichnet und in strukturierte, semi-strukturierte und unstrukturierte Multimedia-Daten eingeordnet.

Velocity: Bei diesem Begriff handelt es sich um die Geschwindigkeit der Datenströme, die in Echtzeit ausgewertet und analysiert werden müssen.

In diesem Zusammenhang können Daten, die durch intelligente physische Gegenstände des Ubiquitous Computing generiert und mit IoTS verbunden wurden, mit Hilfe von Analysemethoden ausgewertet und weiterverarbeitet werden.

Das Anwendungsbeispiel konzentriert sich auf LKW´s. In der heutigen Zeit sind LKW´s mit umfangreichen Telematikkomponenten ausgestattet. Dabei werden unterschiedliche technische Daten wie, Verbrauch, Geschwindigkeit, Achsengewicht und Tankfüllstand, analysiert. Darüber hinaus können weitere Daten des Trailers durch zusätzliche Anbringung von Sensoren und Anschlüssen erhoben werden. Mit Hilfe von Data Mining ist es möglich, die Vielzahl an Daten zu analysieren und strukturieren, um beispielsweise das Flottenmanagement zu verbessern und damit die Planung und Steuerung der Flotte zu verbessern. Auch kann anhand der Analyse von technischen Fahrzeugdaten der Zustand der Reifen, Kraftstoffverbrauch analysiert werden. Dies ermöglicht im Rahmen des Fahrzeugmanagement optimierte Inspektionsintervalle und minimiert die Ausfallzeiten.[27]

1.5 Cyber-Physische-Systeme

[23] Vgl. *Merv (2011)*
[24] Vgl. *Manyika et. al. (2011)*
[25] Vgl. *Fasel/Meier (2016)*, S. 5-6
[26] Vgl. *Müller-Peters et. al. (2020)*, S. 6
[27] Vgl. *Bousonville (2017)*, S. 28

Die Kombination aus Software- und Hardware zu einem komplexen und smarten Verbund, in dem jedes einzelne physische Objekt eine eigene Identität besitzt, wird nach Siepmann als cyber-physisches System bezeichnet. Das cyber-physische System setzt sich aus drei Bausteinen Ubiquitous Computing, Internet der Dinge und Dienste und Cloud Computing zusammen, die bereits in dem vorherigen Kapitel näher beschrieben wurden.[28]

Mit Hilfe von Smart Grids können Photovoltaikanlagen überschüssige Energie ins Stromnetz einspeisen und anderen zur Verfügung stellen. Durch das cyber-physische System ist dies möglich, da es genau erkennt, wie viel Energie und wo generiert und nachgefragt wird. Diese smarte Verteilung des Storms stellte eine wichtige Voraussetzung für erneuerbare Energie dar. Der Verbraucher, Energieerzeuger und Speicher müssen kontinuierlich miteinander kommunizieren, um diesen Zustand zu erreichen. Neben der Stromleistung erfordert es eben eine enorme Datenleistung.[29]

2 Digitalisierung der Logistik

Die Digitalisierung bringt in der Logistik einen Wandel mit sich, der sich unter anderem in den veränderten Kundenanforderungen und weiteren Trends widerspiegelt. Die Kunden fordern eine zunehmende Individualisierung der Produkte, die sich wesentlich von den Standardprodukten abheben. Außerdem wird eine Flexibilisierung der Produktion verlangt, um auch kleine Losgrößen herzustellen. Des Weiteren wird eine verstärkte und verzahnte Einbindung des Kunden in den Wertschöpfungsprozess benötigt, die seine informationstechnische Integration erfordert. Auch die Verknüpfungen von datengetriebenen Dienstleistungen, die sich auf die Informationen der vernetzten Produktionssysteme aufbauen, gehören dazu.[30]

Diese technologischen und gesellschaftlichen Trends führen dazu, dass sich die Geschäftsmodelle in der Logistik wesentlich verändern werden. Zu den zentralen Zielen dieser Entwicklung zählen Rationalisierungspotenziale durch die Erhöhung der Produktion. In diesem Zuge werden Kostensenkungen erzeugt. Damit diese zentralen

---

[28] Vgl. *Siepmann/Graef* (2016), S. 23
[29] Vgl. Ottonova (2022)
[30] Vgl. *Bousonville* (2017), S. 13

Ziele erreicht werden können, benötigt es eine Vernetzung, Echtzeitfähigkeit, Dezentralisierung und Serviceorientierung entlang der kompletten Wertschöpfungskette.[31]

2.1 8 Richtigen der Logistik

Die 8 Richtigen der Logistik werden als Grundaufgaben genannt und orientieren sich an den W-Fragen: wer bzw. was, wann, wo, wie, warum, wieviele, wie lange, usw., um die Antworten auf die Fragen zu erfüllen.[32]

Nach Plowman wird der Begriff Logistik, als Verfügbarkeit eines materiellen Wertes in der richtigen Menge, Zustand, Ort, Zeit, Kunden und den richtigen Kosten definiert.[33]

1. das richtige Objekt
2. in der richtigen Anzahl
3. am richtigen Ort
4. zur richtigen Zeit
5. zu den richtigen Kosten
6. mit der richtigen Qualität
7. ökologisch richtig
8. mit den richtigen Informationen

Ursprünglich haben sich 6 Richtige der Logistik etabliert, welche durch die rasante Entwicklung der Informations- und Kommunikationstechnik, um zwei weitere Richtige der Logistik erweitert wurden. Jetzke erweiterte die Richtigen der Logistik um die richtigen Daten und das richtige Wissen.[34]

Folgende Möglichkeiten können genutzt werden, um die acht Richtigen der Logistik zu erreichen: Die Identifikation und Bewertung von Logistikattributen ist für die Bereitstellung des richtigen Objektes notwendig. Damit die richte Menge erzielt werden kann, ist das Zählen und Wiegen erforderlich. Durch die Lokalisierung des Ortes wir der richtige Ort anvisiert. Die richtige Zeit kann mit einer Zeitaufnahme und Kalkulation des Durchlaufes sowie unter Berücksichtigung von Toleranzen erreicht werden. Um die richtigen

---

[31] Vgl. *Schneider/Hanke* (2020), S. 166
[32] Vgl. *Brandau* (2015), S. 12
[33] Vgl. *Plowman* (1964), S. 3
[34] Vgl. *Jetzke* (2007), S. 11

Kosten zu erreichen, ist es notwendig, den gesamten logistischen Prozess auf Effektivität und Effizienz zu bewerten und überprüfen. Die richtige Qualität kann nur durch Bewertung des logistischen Prozesses auf Qualität gewährleistet werden. Zur Bereitstellung ökologischer und nachhaltiger Aspekte ist eine Bewertung notwendig. Die Richtigkeit der Informationen, kann durch die Bewertung der Vollständigkeit überprüft werden.[35] Die 8 Richtigen der Logistik orientieren sich an den aktuellen Trends der Logistik, die einem kontinuierlichen Wandel ausgesetzt sind. Für die Zukunft sind weitere Richtige denkbar.[36]

2.2 Digitalisierung und Logistik 4.0

Digitalisierung:

Wie in Kapitel 1.1. beschrieben, wird unter dem Begriff der Digitalisierung, die Umwandlung analoger Daten in digitale Daten verstanden. Durch den Trend der Digitalisierung werden die Prozesse in der Produktion und Logistik und somit entlang der Wertschöpfungskette, vermehrt digitalisiert und automatisiert.[37] Die digitale Vernetzung durch cyberphysische Systeme, das Internet der Dinge und Dienste, Big Data und Cloud Computing führt demnach zum Wandel der Logistik und demnach zum Begriff Logistik 4.0 der nachfolgend näher erläutert wird.[38]

---

[35] Vgl. *Brandau* (2015), S. 15; *Schenk/Müller/Wirth* (2010), S. 226
[36] Vgl. *Brandau* (2015), S. 12
[37] Vgl. *Berger* (2016), S.
[38] Vgl. *Pollmeier/Schade* (2022), S. 17

Logistik 4.0:

Der Begriff Logistik 4.0 steht für die umfangreiche Informatisierung der Logistikbranche mit allen Beteiligten und Objekten. Unter dem Begriff der Informatisierung wird die digitale Informationssammlung der jeweiligen Beteiligten und Objekte verstanden. Aus den umfangreichen Informationen entsteht ein digitales Bild der Objekte, mit all ihren Eigenschaften wie zum Beispiel die Identifikationsnummer oder Größe, Füllgrad, aktueller Ort etc...). Sobald die Möglichkeit besteht, dass diese Eigenschaften in der Umgebung miteinander kommunizieren, oder von dieser ausgelesen werden, spricht man von einer Vernetzung der Objekte mit ihrer Umgebung.[39] Der Fokus im Rahmen der Logistik 4.0 liegt auf der Effizienzsteigerung der Prozesse, die sich wiederum auf den Kosten in der Logistik auswirken.[40]

Die ständig wachsenden Herausforderungen stellen einen Wandel in der Logistikbranche dar, dazu gehört die Individualisierung von Produkten und Dienstleistungen und die damit einhergehende Massenproduktion einzelner Teile. Auch die Verkürzung der Lieferzeit spielt eine wesentliche Rolle in der Logistik. Das Wachstum von Struktur und der Datenkomplexität gehört ebenfalls zu den Herausforderungen und schließlich die Forderung nach Flexibilität im Rahmen des Supply Chain Managements. Der Wandel von der Logistik 3.0 zu 4.0 wird nachfolgend veranschaulicht:[41]

Logistik und Produktion heute:	Logistik und Industrie 4.0:
zentrale Steuerung, starr, komplex	dezentrale Selbstorganisation durch Ad-hoc-Vernetzung
deterministische Entscheidungen	Entscheidungen kontextabhängig auf Basis von Echtzeitsimulationen
etablierte Wertschöpfungsketten	virtuelle Ad-hoc-Organisation, Wertschöpfungsnetze

---

[39] Vgl. *Bousonville* (2017), S. 5
[40] Vgl. *Schulte* (2017), S. 4
[41] Vgl. *Heistermann/Hompel/Mallée* (2017), S. 20

vorgeplant betriebene Systeme	autonome, sich selbst organisierende Logistik- und Produktionseinheiten
Erweiterung durch Aufwertung	Erweiterung durch „Upnumbering" Modularisierung
Landungsträger/Werkstücke/Produkte/	intelligente Ladungsträger/Werkstücke/Produkte unterstütze aktiv Produktions- und Logistikprozesse
Starre Anwesenheitspflicht/ Mitarbeiter:innen	flexibler Einsatz der Mitarbeiter (Verfügbarkeitskalender, Fachwisse-Kataloge)

Tabelle 1: Wandel der Logistik im Kontext der Industrie 4.0

(Quelle: Eigene Darstellung, in Anlehnung an Heistermann/Hompel/Mallée (2017), S. 20

Die Tabelle 2 zeigt die wichtigsten Änderungsmerkmale im Rahmen der Logistik 4.0. Daraus resultiert, dass die zukünftige Logistik einem kontinuierlichen Wachstum an Herausforderungen gegenübersteht. Dieses Wachstum an Herausforderungen kann jedoch nicht ausreichend im Zuge der Industrie 4.0 bewältigt werden.[42]

Der Wandel, der Logistik 3.0 zur Logistik 4.0 wird hauptsächlich durch die Informations- und Kommunikationstechnologie (IuK) geprägt. Hierbei kommen intelligente Technologien zum Einsatz, sogenannte Smart Services, die sich selbst steuernd und zielgerichtet zur Erfüllung von Aufgaben vernetzen. Die Anforderungen an die Transparenz, Lieferfähigkeit, Liefertreue, Informationen in Echtzeit und individuelle Produkte oder Dienstleistungen im Bereich der Logistik steigen.[43]

Dieser Wandel entlang der kompletten Wertschöpfungskette eines Logistikunternehmens wird in folgender Abbildung veranschaulicht.

Anm. der Red.: Diese Abb. wurde aus urheberrechtlichen Gründen entfernt.

Abbildung 4: Industrie 4.0 und die Logistik

(Quelle: Pichler (2016), S. 6)

---

[42] Vgl. *Heistermann/Hompel/Mallée*, S. 20
[43] Vgl. *Schröder/Wegner* (2019), S. 285-286

2.3 Anforderung an Wandlungsfähigkeit

Durch den Einsatz intelligenter Technologien entstehen Smart Factorys, bei denen Gegenstände wie Produktionsanlagen und einzelne Objekte digital miteinander vernetzt sind. Dieser Wandel beeinflusst die produzierten Produkte und damit die schnelllebige Weiterentwicklung kürzerer Produktlebenszyklen. Die Produktion und Logistik von beute erfordert eine flexiblere Wandlungs- und Anpassungsfähigkeit.

Veränderungshäufigkeit:

Aufgrund der Verkürzung der Produktlebenszyklen müssen die Produktionssysteme mehrfach, innerhalb der gleichen Zeitspanne, umgestellt werden. Dies führt zur Verkürzung der einzelnen Phasen zwischen dem Normalbetrieb und den Umstellungen.

Veränderungsintensität in Breite und Tiefe:

Unternehmen müssen im Rahmen der veränderten Intensität, die Fähigkeit mitbringen, sich schnell auf die neuen Technologien, Verfahren und Maschinen sowie Anlagen einzustellen. Außerdem dürfen die Prozesse und Strukturen nicht außer Acht gelassen werden, denn diese führen zur Veränderung der Unternehmensorganisation. Ebenfalls wird die Qualifikation von Mitarbeiter:innen vorangetrieben, die sich kontinuierlich weiterbilden müssen, um den Anforderungen und Veränderungen langfristig gerecht zu werden.

Veränderungsdynamik:

Die steigende Veränderungsdynamik führt zu neuen Anforderungen im Rahmen der Prozesssicherheit, Planungsgenauigkeit und Planungsdetailliertheit. Dabei ist eine intensivere und zielgerichtete Form des Lernens im Umgang mit Produktsystemen erforderlich.

Integration und Durchgängigkeit:

Die Veränderung von Arbeitsinhalten und Verantwortungen führt zu einer durchgängigen Prozessgenerierung. Neue Formen der Kommunikation und Informationsübertragung müssen etabliert werden, die durch den Wandel der Planungs- und Strukturierungsprinzipien vorangetrieben werden.[44]

Die Grundprinzipien der „8 Richtigen der Logistik" werden sich im Rahmen der fortschreitenden Digitalisierung, Vernetzung und neuer Technologien, weiterentwickeln müssen, ggfs. entwickeln sich weitere R´s. Es bleibt unabdingbar, dass die Unternehmen schnell auf die geänderten Anforderungen der Produktion und Logistik reagieren, um dem Wettbewerb standzuhalten und sich langfristig am Markt zu etablieren. Folgend werden die „8 Richtigen der Logistik" im Rahmen der Wandlungsfähigkeit und Digitalisierung gegenübergestellt: [45]

8 Richtigen der Logistik	Wandlungsfähigkeit und Methoden der Digitalisierung
das richtige Objekt	Selbstreflexion und Identifikation (Augumented Reality, Low Power Wide Area Network (LPWAN) 5
in der richtigen Anzahl	Mengenerfassung- und bewertung, Abweichungsmanagement (Sensorik, Aktorik, Gateway-Cloud)
am richtigen Ort	Lokalisierung und Navigation (Sensorik für Ortung, Navigation, WLAN, Mobilität)
zur richtigen Zeit	Zeitmanagement, Fehlersignalisierung (Zeitmesssysteme, Echtzeitkommunikation, Aktorik)
zu den richtigen Kosten	Kostenbewertung und Optimierung (Prozessdigitalisierung, Perfomance Management)
mit der richtigen Qualität	Erfassung und Bewertung des Zustands, Fehlervermeidung (Sensorik, Augumented Reality, Aktorik)

[44] Vgl. *Schenk* (2014), S. 501
[45] Vgl. *Behrendt et al.* (2019), S. 37

in der richtigen Zuordnung	Selbstorganisation, Vernetzung und Kommunikation (Echtzeitkommunikation, Internet of Things and Services, Just-in-Real-Time Belieferungskonzept)
mit den richtigen Informationen	Informationsmanagement (Big Data Analytics, Cloud, Live-Daten)

Tabelle 2: 8 Richtigen der Logistik 4.0

(Quelle: Eigene Darstellung, in Anlehnung an Behrendt (2019), S. 37)

3 Digitalisierung

Siepmann und Graef beschreiben die Digitalisierung als wesentlichen Bestandteil und Treiber der Industrie 4.0.[46] Wie in Kapitel 1.1 beschrieben, verändert die Digitalisierung die Art und Weise wie wir Menschen Zusammenleben und Wirtschaften. Als Folge der Digitalisierung wird die digitale Transformation hauptsächlich von Unternehmen, Konsumenten und der Entwicklung digitaler Tools vorangetrieben.[47] Die Digitalisierung betrifft dabei alle Branchen und Bereiche des Lebens und bietet viele Chancen als auch Risiken. In diesem Zusammenhang werden Unternehmen und Konsumenten mit den Herausforderungen wie Schnelligkeit, Komplexität, Interdisziplinarität und Globalität konfrontiert.[48] Nicht nur die Veränderungen der Produkte eines Unternehmens sind im Zuge der Digitalisierung gemeint, vielmehr geht es um die digitale Transformation der gesamten Unternehmensorganisation.[49]

3.1 Digitale Transformation

Definiert wird der Begriff der digitalen Transformation als ein kontinuierlicher, auf digitale Technologie beruhender Veränderungsprozess, der sich an die Gesellschaft und Unternehmen richtet. Ausgelöst wird dieser Veränderungsprozess durch, auf digitalen Technologien beruhenden Kundenwünschen. Ermöglicht wird die digitale Transformation durch digitale Technologien und das Potenzial in der Anwendung und Verwertung. Unternehmen benötigen unbedingt eine digitale Infrastruktur, damit dieser Veränderungsprozess auch gelingen kann.[50]

Bei den Unternehmen von heute kommt es nicht ausschließlich auf den Einsatz von aktuellen Technologien an, viel mehr wird eine Reaktion der Unternehmensorganisation auf Einflussfaktoren, ausgelöst durch die Digitalisierung, wie zum Beispiel, geringe Markteintrittsbarrieren, schnelle Markterschließung und Expansion sowie die schnelle

---

[46] Vgl. *Siepmann/Graef* (2016), S. 75
[47] Vgl. *Locher* (2022), S. 11
[48] Vgl. *Oswald/Saueressig/Krcmar* (2022), S. 7
[49] Vgl. *Reinhardt* (2020), S. 4
[50] Vgl. *Lexa* (2021), S. 11

Reaktion auf die unterschiedlichsten Kundenwünsche, verlangt. Die beschriebene Entwicklung ist seit den 1990er Jahren zu beobachten und in der folgenden Abbildung dargestellt:[51]

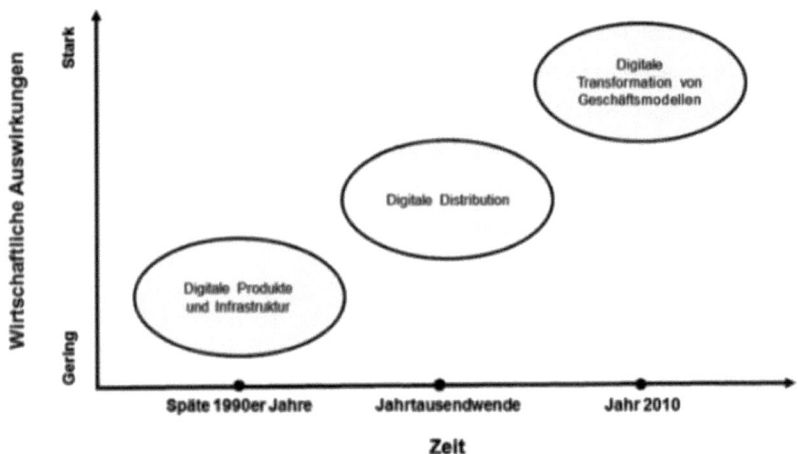

Abbildung 5: Entwicklung der digitalen Transformation

(Quelle: Vgl. Botzkowski (2018), S. 1)

Die Überführung von einem Zustand in einen anderen, wird in einfachen Worten als digitale Transformation bezeichnet.[52] Die digitale Transformation bringt einen kontinuierlichen Veränderungsprozess mit sich, der durch digitale Technologien ausgelöst und weiterentwickelt wird. Beispielhaft werden hier Technologien wie Social Media, Cloud Services, Smart Devices, Blockchain, Big Data und das Internet der Dinge und Dienste genannt.[53]

---

[51] Vgl. *Harwardt* (2022), S. 9
[52] Vgl. *Harwardt* (2022), S. 10
[53] Vgl. *Lexa* (2021), S. 12

Damit ein Unternehmen dem Wettbewerbsdruck standen halten kann, muss sich die Organisation und vor allem das Management, immer schneller und flexibler, auf Veränderungen aller Art reagieren. In diesem Zuge werden vier wesentliche Eigenschaften genannt, die bei der digitalen Transformation eine entscheidende Rolle spielen.[54]

Die digitale Transformation ist unausweichlich: Bei dem Begriff der Digitalisierung handelt es sich um einen Megatrend, der auch die nächsten Jahrzehnte standhalten wird. Unternehmen von heute müssen das Potenzial identifizieren und sich den Veränderungen/Herausforderungen stellen, um weiterhin am Markt zu bestehen.

Die digitale Transformation ist unumkehrbar: Neue Technologien erscheinen zu Beginn ihres Lebenszyklus noch wenig erfolgsversprechend, dürfen jedoch keinesfalls unterschätzt werden, da sie sich schnell etablieren und die bereits am Markt bestehenden Technologien vom Markt drängen könnten.

Die digitale Transformation ist in immer kürzeren Abständen nötig: Ein Geschäftsstart gelingt Unternehmen mit wenig Ressourcen und aufgrund der geringen Markteintrittsbarrieren. Unternehmen müssen immer die Entwicklung des Marktes und Kundenwünsche im Auge behalten und schnellstmöglich auf die Veränderungen reagieren.

Die digitale Transformation ist mit Unsicherheiten behaftet: Für die Unternehmen ist es zunehmend schwerer geworden Prognosen zu erstellen. Schuld dafür ist die zunehmende Entwicklungsgeschwindigkeit und Innovation neuer Technologien, die es unmöglich machen, eine Prognose abzugeben, welche Unternehmen sich mit welchen Produkten oder Dienstleistungen am Markt etablieren werden.

3.2 Entwicklung der industriellen Revolution 1.0 - 4.0

Nachfolgend wird auf die Entwicklung der industriellen Revolution 1.0 – bis hin zur industriellen Revolution 4.0, näher eingegangen und dargestellt.

---

[54] Vgl. *Harwardt* (2022), S. 12-13

Industrielle Revolution 1.0 - Mechanik:

Mit der Erfindung der ersten Dampfmaschine begann im 18 Jahrhundert die erste industrielle Revolution, die durch Thomas Newcomon erfunden und von James Watt weiterentwickelt wurde. Die Erfindung des mechanischen Webstuhls und des Verfahrens zur Eisengewinnung gehörte ebenfalls zu den Innovationen des 18 Jahrhunderts. Diese Technologien entwickelten sich aufgrund der steigenden Bevölkerungsanzahl und dem zunehmenden Export von industriell gefertigten Gütern. Der Spalt zwischen den Arbeitern und Kapitalisten nahm stark zu, bis sich die Entwicklung der Technologien im Lebensstandard widerspiegelte. Schlussendlich führte die Ausbeutung der Arbeitskraft und den sozialen Abstieg zu einem politischen Wandel, die Gewerkschaften und Arbeitsparteien entstehen ließen.

Industrielle Revolution 2.0 – Elektro- und Energietechnik:

Mit dem Beginn der industriellen Revolution 2.0 entstand der Grundgedanke, der Arbeitsteilung. Dabei wurden die Arbeitsschritte in kleinstmögliche Einheiten zerlegt und bearbeitet. Eines der bekanntesten Beispiele dafür ist die Fließbandfertigung, die durch Henry Ford erfunden wurde und die Massenfertigung zu geringen Kosten ermöglicht. Des Weiteren entstanden Verbrennungskraftmaschinen und Elektromotoren sowie die Herstellung von Kunstoffen im Rahmen der zweiten industriellen Revolution. Neben dem Rohstoff Kohle, kamen Öl sowie die Kernkraft dazu.[55]

Industrielle Revolution 3.0 – Elektronik und Informationsverarbeitung:

Die Kombination aus Mechanik und elektronischen sowie steuerbaren Komponenten in den frühen 1970er Jahren führte zur dritten industriellen Revolution, die bis heute anhält. Es entstanden technologische Entwicklungen, wie die speicherprogrammierbare Steuerung und die Einführung von leistungsfähigen Halbleitern. Ermöglicht wurde dadurch die Automatisierung der Produktion, die ohne die Entwicklung von Sensoren und Aktoren, Steuerungstechnik und Kommunikation nicht möglich gewesen wäre. Nicht nur die Kommunikation wandelte sich mit der Erfindung des Internets, die komplette Gesellschaft war von dieser Revolution betroffen. Der Begriff der Globalisierung

---

[55] Vgl. *Adelfinger/Hänisch* (2017), S. 39

etablierte sich zunehmend und galt als größte Veränderung im Rahmen der dritten industriellen Revolution.[56]

Industrielle Revolution 4.0 – Informations- und Kommunikationstechnik:

Die vierte industrielle Revolution wird als neue Organisation und Steuerung der kompletten Wertschöpfungskette über den Produktlebenszyklus hinweg verstanden. Der Produktlebenszyklus ist von zunehmend individualisierten Kundenwünschen betroffen, bis hin zur Idee über die Entwicklung und Fertigung, sowie die Auslieferung des Produktes an den Endverbraucher und damit im Zusammenhand stehenden Services.[57] Damit dieser Prozess gelingt, kommen cyber-physische Systeme, die Integration des Internets und die allgemeine Vernetzung dieser Objekte zum Einsatz. Das Ziel der Produktivitätssteigerung wird somit verfolgt, aber auch die Effizienzsteigerung der Produktentwicklungszeit, der Datenaustausch sowie die Prozessqualität spielen eine wesentliche Rolle.[58]

Anm. der Red.: Die Abb. wurde aus urheberrechtlichen Gründen entfernt.

Abbildung 6: Von "Industrie 1.0" bis "Industrie 4.0.

(Quelle: in Anlehnung an Promotorengruppe Kommunikation der Forschungsunion Wirtschaft – Wissenschaft (2012)).

---

[56] Vgl. *Adelfinger/Hänisch* (2017), S. 40
[57] Vgl. Bitkom (2015), S.8
[58] Vgl. *Steven* (2019), S. 63

3.3 Abgrenzung Digitalisierung, digitale Transformation und Industrie 4.0

Die Begrifflichkeiten Digitalisierung, digitale Transformation und Industrie 4.0 liegen nah beieinander und bauen aufeinander auf, sie werden oftmals in der Literatur als Synonyme verwendet.[59] Die Digitalisierung ist verantwortlich für die Vernetzung von Produkten und Produktionsanlagen über das Internet.[60] Darauf aufbauend wir die digitale Transformation als Veränderungsprozess, der durch die Digitalisierung ausgelöst wird, definiert. Davon betroffen ist die komplette Wertschöpfungskette eines Unternehmens und Gesellschaft.[61] Wie der Begriff Industrie 4.0 schon sagt, bezieht sich dieser auf die Entwicklung der Industrie und die zunehmende Vernetzung sowie Selbststeuerung der Systeme. Es findet ein enormer Daten und- Informationsaustausch statt, die intelligent aufeinander reagieren.[62]

3.4 Entwicklung der Industrie 1.0 – 4.0 technologischer Wandel in der Produktion

In der heutigen Zeit befinden wir uns im Wandel der industriellen Revolution 3.0 hin zur industriellen Revolution 4.0. Damit dieser Wandel gelingt, müssen produktionsrelevante Daten und Informationen erfasst und verarbeitet werden, um die Effizienz- und Effektivität der Produktion zu steigern und die Industrie 4.0 zu verwirklichen. Hier kommt die Automatisierungspyramide ins Spiel, die in Hinblick auf die zunehmende Automatisierung der Produktion die Aufgabe hat, die Komplexität der industriellen Fertigung durch die Untergliederung anstehender Prozesse, zur Datenerhebung- und verarbeitung, in den jeweiligen Ebenen zu minimieren. Die Automatisierungspyramide gliedert sich dabei in sechs Levels.[63]

---

[59] Vgl. *Hess* (2022), S. 20
[60] Vgl. *Siepmann/Graef* (2016), S. 75
[61] Vgl. *Lexa* (2021), S. 11
[62] Vgl. Wirtschaftsförderung Bremen GmbH (2020)
[63] Vgl. *Siepmann/Graef* (2016), S. 49

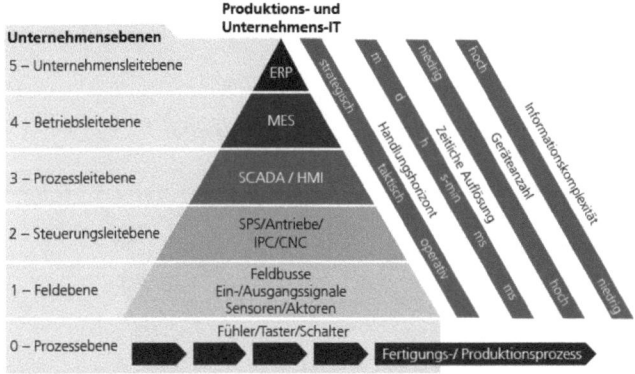

Abbildung 7: Die Automatisierungspyramide

(Quelle: in Anlehnung an Siepmann et al. (2016), S. 49)

Die Automatisierungspyramide zeigt die jeweiligen Levels von Level 0 – Prozess-ebene, dort findet sich der Fertigungs- und Produktionsprozess. Level 1 – Feldebene betrifft den Hallenboden, der mit Sensoren, Aktoren, Schalter und Regler ausgestattet ist und im Kontakt zum Produktionsprozess steht. Level 2 – Steuerungsleitebene um-fasst die Sensordaten aus der Feldebene und dienen der speicherprogrammierbaren Steuerung (SPS) der Steuerungsebene als Eingangssignal. Das 3 Level (Prozess) Lei-tebene beschreibt die Schnittstelle zwischen Mensch und Maschine, die zur Bedie-nung und Beobachtung der Prozesse dient. Level 4 – Betriebsebene ist zentral für die Steuerung der Produktion verantwortlich. Mithilfe des MES-Systems werden die dar-über und darunter liegenden Ebenen in Form von Betriebsdaten, Maschinendaten und Personaldaten erfasst sowie verarbeitet. Das letzte Level, Level 5 - Unternehmens-ebene beschäftigt sich mit der Produktionsplanung und Bestellabwicklung in der in-dustriellen Fertigung, die mit Hilfe des Einsatzes eines ERP-Systems erfolgt.[64]

Im Zuge des Wandels durch die digitale Transformation werden die Produktionssys-teme und die damit verbundenen Teilsystem stark beeinflusst. Hier kommen CPS zum Einsatz die, die Basis der digitalen Transformation der Produktion darstellen. Diese Wandel im Rahmen der Produktionssysteme führt zur CPPS und verändert auch damit die Automatisierungspyramide wie folgt:

---

[64] Vgl. *Siepmann/Graef* (2016) S. 49-50

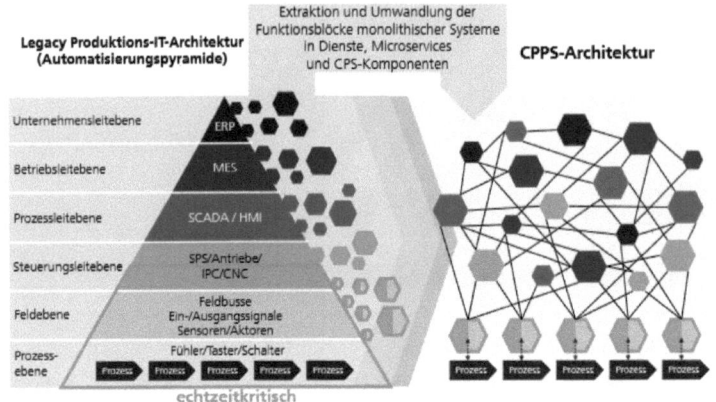

Abbildung 8: Architektur cyber-physischer Produktionssysteme

(Quelle: in Anlehnung an Bettenhausen et al. (2013))

CPPS besitzen die gleichen Fähigkeiten wie CPS und sind verantwortlich für die Befähigung der Produktionsressourcen zu mehr Flexibilität und Wandlungsfähigkeit, die durch die Fähigkeit zur Autonomie gestützt werden. Die Kommunikation läuft intelligent untereinander und mit Produkten, darüber hinaus treffen sie in Eigenverantwortung Entscheidungen.[65]

Abbildung (1), Seite 6 beschreibt die Entwicklung von der Industrie 1.0 hin zur Industrie 4.0 und den damit jeweils verbundenen technologischen Wandel in der Produktion. Siepmann und Graef beschreiben drei grundlegende Phasen der technologischen Entwicklung von Industrie 4.0. In der ersten Phase befindet sich die Technologie „Ubiquitous Computing", die zum Baustein der cyberphysischen Systeme (CPS) angehört und damit auch zur (**Stufe eins**). Damit ist die Mikroelektronik (Prozessoren, Sensoren, Aktoren, Kommunikationsmodule) gemeint. Cyber-physische Systeme stellen eine Verknüpfung zwischen Objekten und Prozessen her. Damit diese Vernetzung und Kommunikation gelingt kommt das Internet der Dinge und Dienste (IoTS) (Phase 2) ins Spiel, dass die Objekte des Ubiquitous Computing Kommunikationsfähig macht. Die cyberphysischen Systeme (CPS) bilden die Basis, der dritten Phase und somit den

---

[65] Vgl. *Bauernhansl* et al. (2016), S. 11

Einsatz von cyberphysischen Produktionssystemen (CPPS) **(Stufe 2)**. Dadurch entwickeln sich fraktale Fabriken hin zu intelligenten Fabriken (Smart Factorys). Cyberphysische Systeme können Daten erfassen und diese über Aktoren in mechanische Bewegungen umwandeln und damit direkt auf den Produktionsprozess einwirken. Die Daten, die durch Sensoren generiert werden durch das CPS analysiert. Mit Hilfe von LAN und WLAN sind die cyberphysischen Systeme miteinander vernetzt und können dadurch lokal als auch weltweit auf Dienste und Daten zugreifen und diese auch nutzen.[66] Nach Draht entsteht durch die erhobenen Daten und Dienste eine neue Organisation und Steuerung, die sich über den gesamten Produktlebenszyklus du über die Unternehmensgrenze hinweg erstreckt.[67]

3.5 Cybersecurity

Im Rahmen der Digitalisierung, digitalen Technologie und Industrie 4.0 und der damit in Zusammenhang stehenden Informationsverarbeitung, die eine unzähligen Masse an Daten enthält, sind Unternehmen einem hohen Risiko, der Cyberkriminalität zum Opfer zu fallen ausgesetzt. In der Literatur werden die Begriffe IT-Sicherheit, Informationssicherheit und Cybersecurity als Synonym verwendet. Das Ziel der Cybersecurity ist die Bedrohung bei der Nutzung von Informationstechnologien abzuwehren. Hauptsächlich geht es um den Schutz von Informationen wie, Geschäftsgeheimnissen, Mitarbeiter- und Kundendaten, Know-how, Netzwerke etc...[68] Aufgrund der Unüberschaubarkeit der Cyberkriminalität ist kein Unternehmen vor einem Angriff geschützt. Die Cyberkriminalität reicht von Hackerangriffen bis hin zur organisierten Kriminalität oder Geheimdiensten. Um einem Angriff vorzubeugen, sollte die Kooperation über alle Unternehmensbereiche hinweg optimiert werden.[69] Gerade im Hinblick auf die Industrie 4.0, die auf einem hohen Vernetzungsgrad von cyberphysischem System und Produktionssystemen entlang der kompletten Wertschöpfungskette basiert, ist das Risiko groß, Opfer eines Angriffs zu werden. Dieses Risiko kann nur dann minimiert werden,

---

[66] Vgl. *Siepmann/Graef* (2016) S. 28-30
[67] Vgl. *Draht* (2014), S. 55
[68] Vgl. *Pistorius* (2020), S. 69
[69] Vgl. *Ritter/Gentemann/Grimm* (2018), S. 4

wenn jedem Mitarbeiter:in die Regeln und Schutzmechanismen bekannt sind. Das Management sollte dabei für die Einhaltung dieser Regeln und Schutzmechanismen Sorge tragen und sicherstellen, dass entsprechende Notfallpläne bei einem Ernstfall bereitstehen.[70] Darüber hinaus sollten Unternehmen aus Gründen der Sicherheit über ein Zonenkonzept verfügen, dass den Schutzbedarf der verschiedenen Netzbereiche ermittelt, der mit geeigneten Sicherheitslevels ausgestattet ist.[71] Abhilfe könnte durch den Einsatz von Künstlicher Intelligenz (KI) geschaffen werden, beispielsweise durch das Erkennen von Abweichungen. Das Potenzial von Künstlicher Intelligenz ist im Rahmen von Cybersecurity sehr groß.[72]

---

[70] Vgl. BmWi (2018), S.8-9
[71] Vgl. BaSi (2018), S. 572
[72] Vgl. *Ritter/Gentemann/Grimm* (2018), S. 38-39

Literaturverzeichnis

Adelfinger, V., P., Hänisch, P. (2017). Industrie 4.0. In: Wie cyber-physische Systeme die Arbeitswelt verändern. Springer Gabler Wiesbaden.

Botzkowski, T., (2018). Digitale Transformation von Geschäftsmodellen im Mittelstand. In: Theorie, Empirie und Handlungsempfehlungen. Springer Gabler Wiesbaden.

Bousonville, T. (2017). Logistik 4.0. In: Die digitale Transformation der Wertschöpfungskette. Springer Gabler Wiesbaden.

Brandau, A. (2015). Ganzheitliches Konzept zur Modellierung und Analyse von Zustandsdaten logistischer Objekte, Disseration, Otto-von-Guericke-Universität Magedeburg, Magedeburg.

D´Onofrio, S., Meier, A. (2021). Big Data Analytics. In: Grundlagen, Fallbeispiele und Nutzungspotenzial. Springer Vieweg Wiesbaden.

Drath, R. (2014): Industrie 4.0 - eine Einführung. In: Vogel-Heuser, B. (Hrsg.): Agenten im Umfeld von Industrie 4.0. sierkeVerlag: München.

Fasel, D., Meier, A. (2016). Big Data. In: Grundlagen, System und Nutzungspotenziale. Springer Vieweg Wiesbaden.

Harwardt, M. (2022). Digitalisierung und digitale Transformation. In: Management der digitalen Transformation. Springer Gabler, Wiesbaden.

Hermann, U. (2020). Digitalisierung im Industrieunternehmen: Die Chancen der digitalen Ökonomie der Dinge erkennen, entwickeln und erfolgreich umsetzen. Deutschland, Apprimus Wissenschaftsverlag.

Hess, T., (2022). Herausforderung digitale Transformation. In: Digitale Transfor-mation strategisch steuern. Springer Gabler, Wiesbaden.

Lexa, C. (2021). Digitale Transformation. In: Fit für die digitale Zukunft. Fit for Future. Springer Gabler, Wiesbaden.

Locher, C. (2022). Digitale Transformation. In: Fend, L., Hofmann, J. (eds) Digitalisierung in Industrie-, Handels- und Dienstleistungsunternehmen. Springer Gabler, Wiesbaden.

Merv, A.: It's going mainstream, and it's your next opportunity. Teradata Magazine, 01, (2011).

Müller-Peters, Horst, et al. (2020). Die Big-Data-Debatte: Chancen und Risiken der digital vernetzten Gesellschaft. Deutschland, Springer Fachmedien Wiesbaden.

Obermaier, R. (2019). Handbuch Industrie 4.0 und Digitale Transformation: Betriebswirtschaftliche, technische und rechtliche Herausforderungen. Deutschland, Springer Fachmedien Wiesbaden.

Oswald, G., Saueressig, T., Krcmar, H., (2022). Digitale Transformation. In: Fallbeispiele und Branchenanalysen. Springer Gabler Wiesbaden.

Pistorius, J. (2020). Erratum zu: Industrie 4.0 – Schlüsseltechnologien für die Produktion. In: Industrie 4.0 – Schlüsseltechnologien für die Produktion. Springer Vieweg, Berlin, Heidelberg.

Plowman, E., G. (1964). Lectures on Elements of Business Logistics. Stanford University.

Pollmeier, I., Schade, S. Logistik 4.0: Eine Analyse aus betriebswirtschaftlicher Sicht. Deutschland, Kohlhammer Verlag, 2022.

Reinhardt, K. (2020). Digitale Transformation der Organisation. Springer Gabler Wiesbaden.

Schenk, M. (2010). Factory Planning Manual. Situation-Driven Production Facility Planning, Berlin, Heidelberg.

Schenk, M. (2014). Fabrikplanung und Fabrikbetrieb. Methoden für die wandlungsfähige vernetzte und ressourceneffiziente Fabrik, 2.Aufl., Berlin, Heidelberg

Schneider, J., Hanke, T. (2020). Logistik 4.0 – Grundvoraussetzungen für zukunftsfähige Geschäftsmodelle in der Logistik. In: Tewes, S., Niestroj, B., Tewes, C. (eds) Geschäftsmodelle in die Zukunft denken. Springer Gabler, Wiesbaden.

Schröder, M., Wegner, K. (2019). Logistik im Wandel der Zeit – Von der Produktionssteuerung zu vernetzten Supply Chains. In: Festschrift für Wolfgang Kersten zum 60. Geburtstag. Springer Gabler Wiesbaden.

Schulte, C. (2017). Logistik: Wege zur Optimierung der Supply Chain. Franz Vahlen.

Siepmann, D., Graef, N. (2016). Industrie 4.0 – Grundlagen und Gesamtzusammen-
hang. In: Roth, A. (eds) Einführung und Umsetzung von Industrie 4.0. Springer
Gabler, Berlin, Heidelberg.

Sinsel, A. (2020). Das Internet der Dinge in der Produktion. In: Smart Manufacturing
für Anwender und Lösungsanbieter. Springer Vieweg Berling, Heidelberg.

Steven, M. (2019). Industrie 4.0: Grundlagen – Teilbereiche – Perspektiven, Kohlhammer, Stuttgart.

Werner, H. (2020). Supply Chain Management. In: Grundlagen, Strategien, Instru-
mente und Controlling. Springer Gabler Wiesbaden.

Wiegerling, K. (2013). Ubiquitous Computing. In: Grunwald, A., Simonidis-Puschmann,
M. (eds) Handbuch Technikethik. J.B. Metzler, Stuttgart.

Internetquellen

Bauernhansl,T.,Krüger, J., Reinhart, G., Schuh, G., (2016): WGP-StandpunktIndustrie
4.0. Darmstadt: Wissenschaftliche Gesellschaft für Produktionstechnik WGP e. V., verfügbar   unter: *https://www.ipa.fraunhofer.de/con-
tent/dam/ipa/de/documents/Presse/Presseinformationen/2016/Juni/WGP_Stand-
punkt_Industrie_40.pdf, abgerufen am 01.12.2022.*

Behrendt, F./Schmidtke,N./Glistau, E./Wagner, M. (2019): Der intelligente Logistik-
raum. Neue Gestaltungsformen im Kontext der digitalen Transformation, verfügbar unter: https://www.industrie-management.de/sites/industrie-management.de/files/beh-
rendt-Der-Intelligente-Logistikraum_IM-2019-4.pdf, abgerufen am 27.11.2022.

Bettenhausen K., Kowalewski, S. (2013): Cyber-Physical System – Chancen und Nutzen aus Sich der Automation, verfügbar unter: https://www.vdi.de/ueber-
uns/presse/publikationen/details/cyber-physical-systems-chancen-und-nutzen-aus-
sicht-der-automation, abgerufen am 01.12.2022.

Bitkom e. V., VDMA e. V., ZVEI e. V. (2015): Umsetzungsstrategie Industrie 4.0: Er-
gebnisbericht der Plattform Industrie 4.0, verfügbar unter. https://www.its-

owl.de/fileadmin/PDF/Industrie_4.0/2015-04-10_Umsetzungsstrategie_Indust-
rie_4.0_Plattform_Industrie_4.0.pdf, abgerufen am 30.11.2022.

Bundesamt für Sicherheit in der Informationstechnik (2018): IT-Grundschutz-Kompen-
dium, 1. Auflage S. 572. Bundesanzeiger Verlag, Köln, verfügbar unter:
https://www.bsi.bund.de/SharedDocs/Downloads/DE/BSI/Grundschutz/Kompen-
dium/IT_Grundschutz_Kompendium_Edition2018.pdf?__blob=publicationFile&v=7,
abgerufen am 03.12.2022.

Bundesministerium für Wirtschaft und Energie: IT-Sicherheit und Recht: Themenheft
Mittelstand-Digital, S. 8-9. BMWI, Berlin (2018), verfügbar unter:
https://www.bmwk.de/Redaktion/DE/Publikationen/Mittelstand/mittelstand-digital-it-si-
cherheit-und-recht.pdf?__blob=publicationFile&v=4, abgerufen am 03.12.2022-

Bundesministerium für Wirtschaft und Klimaschutz (2022): Internet der Dienste, verfügbar unter: https://www.bmwk.de/Redaktion/DE/Artikel/Digitale-Welt/internet-der-
dienste.html, abgerufen am 13.11.2022.

Heistermann, F., Hompel, M., t.Mallée, T. (2017). Digitalisierung in der Logistik, verfügbar unter: file:///C:/Users/jewakph/Downloads/BVL17_Positionspapier_Digitalisie-
rung_in_der_Logistik.pdf, abgerufen am 23.11.2022.

Mattern, F. und Flörkenmeier, C. (2013): Vom Internet der Computer zum Internet der
Dinge, verfügbar unter: http://www.vs.inf.ethz.ch/publ/papers/Internet-der-Dinge.pdf,
abgerufen am 13.11.2022.

Ottonova (2022): Cyber-physische Systeme so digital wird die Zukunft, verfügbar unter: https://www.ottonova.de/digital/cyber-physische-systeme, abgerufen am
17.11.2022.

Pichler, A, (2016). Industrie 4.0 und die Logistik, verfügbar unter: https://mu-cam-
pus.de/pluginfile.php/83567/mod_resource/content/1/Indust-
rie%204.0%20und%20die%20Logistik%20MAG.%28FH%29%20AN-
DREAS%20PICHLER%2C%20MSC.pdf, abgerufen am 23.11.2022.

Promotorengruppe Kommunikation der Forschungsunion Wirtschaft – Wissenschaft
(2012). Bericht der Promotorengruppe Kommunikation. Im Fokus: Das Zu-
kunftsprojekt Industrie 4.0 - Handlungsempfehlungen zur Umsetzung verfügbar

unter, https://silo.tips/download/forschungsunion-wirtschaft-und-wissenschaft-begleiten-die-hightech-strategie, abgerufen am 30.11.2022.

Ritter,T., Gentemann, L., Grimm, F. (2018): Spionage, Sabotage und Datendiebstahl – Wirtschaftsschutz im digitalen Zeitalter: Studienbericht 018. Bitkom, verfügbar unter: https://www.bitkom.org/sites/default/files/file/import/181008-Bitkom-Studie-Wirtschaftsschutz-2018-NEU.pdf, abgerufen am 03.12.2022.

Roland Berger. (2016). 2016 logistics study on digital business models – Results. https://www.rolandberger.com/publications/publication_pdf/roland_berger_logistics_final_web_251016.pdf, Zugegriffen am 23.11.2022.

ScienceSoft USA Corporation (2022): RFID und IoT im Krankenhaus: Auf dem Weg zur Digitalisierung, verfügbar unter: https://www.scnsoft.de/blog/rfid-und-iot-im-krankenhaus, abgerufen am 13.11.2022.

Wirtschaftsförderung Bremen GmbH (2020): Was ist Industrie 4.0? Die Definition von Digitalisierung, verfügbar unter: https://www.wfb-bremen.de/de/page/stories/digitalisierung-industrie40/was-ist-industrie-40-eine-kurze-erklaerung, abgerufen am 30.11.2022.

WirtschaftsWoche (2016): Das Gold der postindustriellen Gesellschaft, verfügbar unter: https://www.wiwo.de/unternehmen/it/daten-das-gold-der-post-industriellen-gesellschaft-/12844090-all.html, abgerufen am 14.11.2022.